Referendariat in Schleswig-Holstein
oder
das erste Staatsexamen war nur der Anfang

von Stefanie Grötzner

Herstellung und Verlag:
BoD-Books on Demand, Norderstedt
ISBN: 978-3-7386-0858-8

Inhaltsverzeichnis

1. Einleitung 4
2. Der 1. Tag 6
3. Die Arbeitsgemeinschaft 11
4. Der Sitzungsdienst 15
5. Klausuren 19
6. Aktenvorträge 23
7. Anwaltsstation und Wahlstation 24
8. Tauchen 27
9. Referendarfahrt 29
10. Markierungen im Gesetz 32
11. Das schriftliche Examen 33
12. Ergebnisse 37
13. Anfechtung der Ergebnisse 38
14. Ergänzungsvorbereitungsdienst in Schleswig 41
15. Prüferprotokolle 43
16. Vorgespräch 45
17. Mündliche Prüfung 48
18. Sozialpunkte 51
19. Urlaub im Referendariat 52
20. Anliegen beim OLG 54
21. Fachanwalt 55
22. Schlusswort 56

1 Einleitung

Dieses Buch stellt keinen Anspruch darauf, eine wissenschaftliche Arbeit zu sein. Es soll lediglich einen kleinen Einblick in mein Referendariat in Schleswig-Holstein beim Landgericht Kiel zeigen und einen kleinen Leitfaden darstellen. Nicht jeder hat Freunde, die bereits vor einem das Referendariat in Kiel oder sonst wo absolviert hat. Einige Fragen traut man sich vielleicht auch nicht zu stellen, weil man meint, man würde als dumm dastehen. Dieses Buch soll auf einige Fragen Antwort geben. Fragen die sich mir oder meinen Kollegen vor Begin des Referendariats gestellt haben und auf deren Antwort wir lange warten mussten.

Einige Sachen sollten zwar selbstverständlich sein, doch erschütterndeweise scheint dies nicht für alle Referendare zu gelten, daher finden auch diese in diesem Buch Berücksichtigung.

Nach dem ersten Staatsexamen ist eine große Hürde genommen und man denkt sich, dass es nun leichter wird.

Aber keine Sorge, es wird noch schwerer. Zuerst kommt die Auswahl des Bundeslandes, das Warten auf die Antwort und dann die Vorfreude. Diese wird aber dadurch getrübt, dass man richtig gar nicht so weiß, was auf einen zukommt. Natürlich ist in der Theorie alles bekannt, wie das Referendariat ablaufen soll. Aber wie die Praxis wirklich aussieht, weiß man vorher nicht. Um es nachfolgenden Referendarinnen und Referendaren etwas einfacher zu machen, um sich auf das Referendariat vorzubereiten und auch auf das zweite Staatsexamen, kam ich auf die Idee, dieses Buch zu schreiben und hoffe, dass es vielen Studierenden und Referendaren nutzen wird.

Mein Dank richtet sich an meine lieben Kolleginnen und Kollegen, mit denen man auch die arbeitsfreie Zeit in netter Runde verbringen konnte. An meine Ausbilder, welche mir viel beigebracht haben, meine Mutter, meine Schwester und meinen Freund, die mich durch diese Zeit begleitet haben und mir stets mit Rat und Tat zur Seite standen.

Besonderer Dank an Astrid für Deine Freundschaft, Deine Hilfe und besonders für die super Referendarfahrt, die ohne Dich einfach nicht möglich gewesen wäre.

2   Der 1. Tag

Da hat man gerade noch das erste Staatsexamen hinter sich gebracht und dachte, das Referendariat ist noch in weiter Zukunft, da ist schon der erste Tag da. Viele Fragen stellen sich der neuen Referendarin/ dem neuen Referendar.

Was passiert da?
Was muss ich mitnehmen?
Wie muss ich mich kleiden?

Pünktlichkeit versteht sich von selbst am ersten Tag, daher vorher schon einmal informieren, wo man hin muss und wo man parken kann, damit man diesen Stress am ersten Tag vermeiden kann.

Die Kleidung scheint zwar an sich nicht so wichtig, aber man möchte ja auch nicht völlig unangemessen angezogen sein. Während es früher noch zu einem Eintrag in die Personalakte führte, wird dies mittlerweile nicht mehr so streng gehandhabt. Man sollte aber ja nicht gleich von vornherein einen negativen Eindruck hinterlassen. Die Kleidung muss nicht extrem schick sein, es muss daher kein Anzug oder Businesskostüm sein, aber eine ordentliche Kleidung versteht sich von selbst. Es sollte daher nicht die bequeme Sonntagsjogginghose sein. Stellt euch einfach die Frage, wie würdet ihr zu einem Tag in Büro gehen, in dem auch Publikumsverkehr herrscht und ihr einen seriösen, aber auch sympathischen Einruck machen wollt. Jeans sind genauso in Ordnung wie Stoffhosen, dazu einfach ein Hemd oder eine Bluse oder ein netter Pullover und schon ist die Sache erledigt.

Zunächst erfolgt eine Begrüßung durch den Leiter der Staatsanwaltschaft oder seiner Stellvertreterin. Danach wird jeder Referendar einzeln vereidigt für ihren/seinen Dienst im Staatsdienst. Danach folgte bei uns eine kurze Vorstellungsrunde. Zwar kann man sich nicht sofort alle Namen merken, aber mit den meisten dieser Kolleginnen und Kollegen werdet ihr die nächsten zwei Jahre viel Zeit verbringen. Es bietet sich daher an, gleich eine Liste mit Telefonnummern und Email-Adressen anzufertigen, so dass ihr immer die Möglichkeit habt, den anderen Referendar zu informieren oder selber etwas nachzufragen.

Danach erfolgt die Bekanntgabe der ausbildenden Staatsanwälte, eine kurze Einweisung in den Ablauf der bevorstehenden Station und einige Referendare hatten die Möglichkeit, sich gleich bei ihren Staatsanwälten vorzustellen und sich einen Eindruck zu verschaffen, wer sie die nächsten 3 Monate ausbildet. Im Anschluss folgte noch ein bisschen Unterricht. Es bietet sich daher an, Schreibsachen mitzunehmen und den Schönfelder oder ein StGB und eine StPO.

Wahrscheinlich wird auch bereits mitgeteilt, wie oft der Sitzungsdienst voraussichtlich stattfinden wird.

Bereits in der ersten Woche solltet ihr euch überlegen, ob ihr mit anderen Referendaren aus eurer Gruppe eine Lerngruppe gründen wollt oder ob ihr als Einzelkämpfer lernt. Dies richtet sich nach eurer eigenen Art zu lernen. Aber ihr müsst bereits jetzt anfangen. Es schadet auch nicht, bereits für die Stationen zu lernen, die erst noch kommen. Wie gesagt, noch habt ihr „nur" Strafrecht und Strafprozessrecht zu lernen. Darüber hinaus seid ihr für eure neuen Stationen gut vorbereitet und könnt sicher bessere Noten erlangen. Spätestens in der ersten AG-

Stunde jeder Station erhaltet ihr Buchempfehlungen. Die von mir und meinen Kollegen am meisten genutzten Bücher sind die Kaiser-Skripte. Die Kaiser-Seminare haben ihren Hauptsitz in Lübeck. Viele wichtige Tipps beziehen sich daher auf die Klausuren in Schleswig-Holstein. Kaiser bietet auch Seminare an. Ich selber habe keines davon besucht und habe geteilte Ansichten gehört. Ich denke, dass auch dies davon abhängt, was für ein Lerntyp man ist. Wenn man gut und viel aufnehmen kann, wenn vor einem referiert wird, ist dies sicher eine sehr gute Sache, wem es besser liegt, sich Dinge zu merken, die er selber liest, sollte mit den Skripten bestens bedient sein. Bei Büchern finde ich es stets wichtig, dass man sich selber ein Bild macht. Gerade in Kiel sind viele Bücher in den Buchhandlungen vorhanden und man kann vorher in Ruhe schon einmal lesen und sehen, ob man mit der Art des Schreibers zurecht kommt. Dennoch empfehle ich auf jeden Fall für die Revisionsrechtsklausur

„Marc Russack – Die Revision in der strafrechtliche Assesorklausur"

Da Bücher teuer sind, kann man sich hier wunderbar mit Kollegen austauschen, wenn man rechtzeitig anfängt.

3 Die Arbeitsgemeinschaft

Vor der ersten Arbeitsgemeinschaft solltet ihr euch eines klar machen, die Arbeitsgemeinschaft ist die einzige theoretische Ausbildung während des Referendariats, die euch vom Land Schleswig-Holstein kostenlos gestellt wird.

Auch wenn es in der AG relativ locker zugeht, solltet ihr nicht vergessen, dass bereits alles vom ersten Tag an wichtig ist und für das Examen eine Rolle spielt. Das zweite Examen scheint weit weg zu sein und jeder sagt einem, man soll jetzt schon lernen, aber wer denkt daran, wenn er weiß, dass es noch zwei Jahre sind, bis das Referendariat zu Ende ist?! Aber erstens sind die Prüfungen nicht erst in zwei Jahren und zweitens kommt noch sehr viel mehr zum Lernen dazu, als man am Anfang meint. Es ist wichtig, die AG nachzubereiten. Solltet ihr zu den Leuten gehören, die sich jedes Wort merken können, dass der oder die AG-Leiter sagen, dann natürlich nicht. Aber ich denke, die meisten gehören nicht dazu. Nach allen Klausuren, die ich geschrieben habe, ist für die Klausur in der die Entschließung der Staatsanwaltschaft zu prüfen ist, ein Buch besonders zu erwähnen:

„Die Entschließung der Staatsanwaltschaft als Assesorklausur von Frau Juliane Riemann-Prehm und anderen"

Dieses Buch gibt es so nicht mehr kaufen, aber man sollte sehen, ob man es gebraucht noch irgendwie in die Hände bekommt. Das Buch ist sehr gut aufgebaut und erhält alle wichtigen Probleme. Es zeigt sehr gut den Aufbau der Klausur. Da Frau Riemann-Prehm in Kiel Staatsanwältin ist, ist es genau für die Klausuren in Kiel ausgelegt und man kann neben der AG bereits das Buch durcharbeiten und seine neu erworbenen Kenntnisse vertiefen.

In seiner noch relativ vielen Freizeit sollte man auch gleich das materielle Recht wiederholen, welches man in der Zeit bis zum Referendariat meistens erstmal aus dem Kopf verbannt hat. Der eine oder andere wird sagen, dass er das schon für das erste Staatsexamen gelernt hat und super angewendet hat. Aber auch diesen sollte klar sein, dass es nun darum geht, praktisch zu arbeiten und einige Paragraphen in der Praxis kaum Anwendung finden oder zumindest nicht in dem Dezernat oder der Kanzlei, in der ihr eure Ausbildung macht, geprüft werden muss.

Bereits jetzt solltet ihr euch merken:

Es kann alles im Examen wichtig sein.

Dies bezieht sich auf jede Arbeitsgemeinschaft. Man kann nicht immer Glück mit seinen AG-Leitern haben, aber umso wichtiger ist es, den Unterricht nachzuarbeiten und in schlimmen Fällen mit einem guten Lehrbuch, in dem man die auftauchenden Fragen nachlesen kann.

Meiner Meinung nach sollte man stets versuchen, an der AG teilzunehmen. Dies betrifft nicht nur Krankheit, sondern auch die Planung des Urlaubs.

Sollte es sich nicht vermeiden lassen, ist es Ehrensache, einen Kollegen zu bitten für einen mitzuschreiben oder sich hinterher die Unterlagen auszuleihen. Vieles wird aber nur kurz in einem Nebensatz erwähnt und vielleicht für nicht wichtig genug zum Aufschreiben befunden und war es nachher doch.

Ich halte es auch für wichtig, die freiwilligen AGs zu besuchen. Euer Ausbilder sollte kein Problem damit haben, euch für diese von der Arbeit frei zu stellen. Sollte es doch einmal so sein, wendet euch an euren Ansprechpartner beim OLG. Der wird sicher versuchen, euch zu unterstützen. Auch diese können gut oder nicht so gut sein, aber man erhält mit Sicherheit einen groben Überblick und kann die Stunden dann gut nacharbeiten.

4 Der Sitzungsdienst

Ich fand, dies wurde in der AG zu wenig erörtert, ihr solltet daher die Möglichkeit wahrnehmen und bereits jetzt Verhandlungen zu besuchen. Ob mit Eurem Staatsanwalt oder einfach so als Zuschauer ist dabei irrelevant.

Beim Landgericht Kiel habt ihr die Möglichkeit euch am Tag vor der Verhandlung eine Robe auszuleihen und diese am Tag darauf zurückzugeben. Falls jedoch jemand auf eine eigene Robe Wert legt, sollte er bedenken, dass es sich bei diesen Roben nicht um Staatsanwaltsroben, sondern um Amtsanwaltsroben handelt. Selbstverständlich sollte sein, dass ihr euch auch ordentlich zur Verhandlung anzieht. Denkt an weiße Blusen bzw. Hemde unter der Robe. Was für eine Hose oder Rock ihr tragt, ist ohne Belang, aber ihr vertretet die Staatsanwaltschaft und werdet nicht in Robe vor dem Saal warten und auch nicht in Robe nach Hause fahren. Die Beteiligten am Verfahren und Zeugen sehen euch als Staatsanwalt/in an und ihr solltet dementsprechend seriös auftreten.

Als Trick für die erste Anklageverlesung: Einfach die Anklage abschreiben und alle Dinge, die geändert werden müssen beim Vorlesen, gleich so aufschreiben. Besonders wichtig: der Angeschuldigte wird zum Angeklagten. Dies alles wird in der AG zur Sprache kommen und bei einem guten Ausbilder ebenfalls noch mal erwähnt.

Die Verhandlung selber steht ihr gut durch, wenn ihr den Fall kennt und genau zu hört, was der oder die Angeklagten sagen und um eventuelle Widersprüche aufzudecken. Auch wenn es euch nicht so vorkommt und es nur relativ kleine Delikte sind, sollte euch immer klar sein, dass ihr die Staatsanwaltschaft vertreten und somit die Schuld des Angeklagten beweisen müsst.

Ihr seid daher auch berechtigt und ebenso verpflichtet, Zeugen zu befragen. Auch wenn es schwer sein kann, einigen Zeugen zuzuhören oder zu glauben, müsst ihr aufmerksam sein und ggf. bei Zeugen, die eurer Meinung nach nicht die Wahrheit sagen, die Wahrheit zu entlocken oder zumindest darzulegen, warum dies nicht so gewesen sein kann.

Für das erste Plädoyer kann man sich aus vielen der kleinen günstigen Lehrbücher ein Muster heraussuchen, so dass das Formulieren an sich kein Problem sein sollte. Einfach vorher ein paar Mal lesen und dann einfach einen fertigen Text mit den Alternativen aufschreiben und mitnehmen. Nach einigen Plädoyers werdet ihr das auch ohne Hilfe können.

Es gibt Richter, die Referendaren gerne auch Zeit geben, sich auf ihr Plädoyer vorzubereiten. Sollte es Richter geben, die dies nicht gestatten, so müsst ihr darauf bestehen, wenn ihr nicht in der Lage seid, es gleich zu halten. Das ist nichts, was einem unangenehm sein muss. Besonders, wenn mehrere Taten oder Angeklagte vorhanden sind. Da die Verhandlung viel Neues ergeben kann, kann man sich darauf nicht im Vornherein vorbereiten. Das Plädoyer muss alle Gesichtspunkte beachten.

Über die „Macken" einiger Richter wird euch euer Ausbilder ebenfalls informieren. Wie zum Beispiel Richter, die gerne ruppig gegenüber Referendaren sind oder Richter, die gerne versuchen, Verfahren gegen Auflagen einzustellen. Lasst euch nicht von einem Richter überrumpeln oder zu einer Einstellung drängen, wenn dies eurer Einschätzung widerspricht. Ihr müsst euren Antrag vertreten. Dies kann aber auch bedeuten, dass ihr einen Freispruch beantragt müsst, wenn dies euer Ergebnis der Verhandlung ist.

5 Klausuren

Auch wenn euch dieser Punkt an dieser Stelle zu früh erscheint, ist er es nicht. Das Landgericht Kiel bietet einen freiwilligen, das Landgericht Lübeck einen verpflichtenden Klausurenkurs an. Diesen solltet ihr gleich nutzen. Sobald ihr wisst, wie eine Klausur eines jeweiligen Rechtsgebietes aufgebaut ist, solltet ihr anfangen in diesem Rechtsgebiet die Klausuren zu schreiben. Sollte dann doch etwas dran kommen, was ihr noch nicht kennt, geht ihr einfach wieder.

Die Vorteile liegen auf der Hand:

- Ihr lernt den Raum der Klausuren kennen und wisst schon, wie es sich anfühlt, dort eine Klausur zu schreiben.
- Wenn ihr es ernst nehmt und keine Bücher oder ähnliches mitnehmt, könnt ihr euch bereits testen und wisst wo ihr steht.
- Wenn ihr Bücher oder so mitnehmt, lernt ihr durch die Wiederholung den Stoff.

- Wenn ihr regelmäßig Klausuren schreibt, kennt ihr die Klassiker und könnt diese noch einmal lernen, wenn ihr sie nicht lösen konntet.
- Ihr wiederholt mindestens einmal die Woche automatisch die Aufbauschemata der einzelnen Rechtsgebiete.
- Textbausteine, die in vielen Klausuren vorkommen und nur an die jeweilige Klausur angepasst werden müssen, kann man bald im Schlaf schreiben.

Neben dem Schreiben der Klausuren ist es auch wichtig, die Besprechungen zu besuchen. Einige Korrektoren geben sich Mühe und man kann auch mit seiner Klausur verstehen, was man falsch gemacht hat bzw. hätte besser machen können. Die Besprechung dient der Darstellung der vorgesehenen Lösung. Es wird gezeigt, was geschrieben hätte werden müssen, aber nicht wie. Das Schreiben übt daher den Schreibstil. Da es in vielen Klausuren auf den Urteilsstil ankommt und nicht wie im ersten Examen auf den Gutachtenstil, sollte dieser geübt werden. Die gelingt am Besten durch das Schreiben vieler Klausuren.

Das alles trifft natürlich auch auf die Klausuren in den Arbeitsgemeinschaften zu. Dies hat zudem den Vorteil, dass die AG-Leiter euch auf einzelne Fragen bezüglich Formulierungen oder ähnliches in einem Vieraugengespräch erläutern können.

Darüber hinaus solltet ihr euch jetzt schon einen geeigneten Stift auswählen. Der Stift sollte möglicht dokumentenecht sein und ihr solltet damit nicht nur gut schreiben können, er sollte auch ein gutes gleichmäßiges Schriftbild haben. Offiziell fließt dies zwar nicht in die Note ein, doch solltet ihr euch selber fragen, ob ihr nicht selber genervt seid, wenn ihr etwas lesen sollt, was so undeutlich und kritzelig geschrieben ist, dass man es kaum entziffern kann. Der Korrektor „darf" sich auch nicht nur mit eurer Arbeit beschäftigen, die im Idealfall mehr als 10 Seiten hat, sondern auch mit den Arbeiten eurer Kollegen und Kolleginnen.

Ihr schreibt 8 Klausuren á 5 Stunden. Ihr solltet diese Zeit nicht damit verschwenden, Patronen zu wechseln oder nach jeder Seite den Stift. Das Probeschreiben zeigt hier die Schwächen eines Stiftes auf und auch, ob er so gut in der

Hand liegt, dass ihr mehrere Stunden damit schreiben könnt. Viele greifen zum normalen Kugelschreiber. Das ist zwar nicht verkehrt, doch führt dies bei vielen Schreibern zu einem nicht so schönen Schriftbild, wie es durch einen einfachen Stiftwechsel sein könnte.

Die richtigen Examensklausuren scheinen auf jeden Fall ca. eine Stunde zeitintensiver zu sein als Probeklausuren. Es bietet sich daher an, die Probeklausuren möglichst in 4 statt in 5 Stunden zu schreiben. Dann habt ihr im Examen nicht so einen Zeitdruck.

6 Aktenvorträge

Der Aktenvortrag scheint gerade zu Anfang des Referendariats noch ganz weit weg zu sein. Er ist ja erst in der mündlichen Prüfung zu halten. Dennoch gibt es in vielen Stationen die Möglichkeit, Aktenvorträge zu halten. Wenn ihr noch nicht wisst, für welches Wahlfach ihr euch entscheidet, solltet ihr die Möglichkeit nutzen, in allen Stationen Aktenvorträge zu halten. So seht ihr, welche euch liegen. Habt ihr euch schon entschieden, solltet ihr in der Station so viele Aktenvorträge üben, wie möglich. Wird euer Wahlfach wie bei mir Strafrecht sein, habt ihr bereits zu Beginn des Referendariats die Möglichkeit Aktenvorträge zu üben. In der Staatsanwaltschaftsstation habt ihr meist auch die Möglichkeit, die Noten der Aktenvorträge in euer Stationszeugnis aufzunehmen. Durch die Vorträge bei einem Abteilungsleiter könnt ihr euch vor anderen „Prüfern" selber testen und ggf. bessere Noten als von eurem Ausbilder erhalten. Die Zeugnisse können nicht nur der Bewerbung während des Referendariats, sondern können euch auch später dienlich sein.

7 Anwaltsstation und Wahlstation

Die Anwalts- und Wahlstation müsst ihr euch selber suchen, d. h. ihr müsst selber Bewerbungen schreiben und euch selber überlegen, was zu euch passt.

Die Kanzlei könnt ihr entweder nach deren Schwerpunkten auswählen oder nach Empfehlungen anderer Kollegen.

Zu erst solltet ihr euch klar darüber werden, ob ihr in eine Großkanzlei oder in eine kleine Kanzlei wollt. Dies ist sehr von eurem Typ abhängig. Der Vorteil einer großen Kanzlei ist, dass diese eher dazu neigen, euer schmales Referendargehalt aufzubessern. Kleinere Kanzleien tun dies eher selten. Dafür habt ihr bei kleinen Kanzleien auf jeden Fall einen direkten Ansprechpartner und könnt besser in das Arbeitsleben eines Anwalts Einblick nehmen. Die meisten Referendare einer Großkanzlei bekommen sehr viel Arbeit in einem kleinen Büro und haben keinen richtigen direkten Ansprechpartner. Die Ausnahmen hierzu werden ihr mit Sicherheit von euren Vorgängern erfahren und solltet hier nicht die Fragen an andere Referendare scheuen. Es geht schließlich um eure Ausbildung. Auch wenn ihr in der Station keine Klausuren schreiben werdet, lernt ihr auf jeden Fall, Schriftsätze zu schreiben und wenn ihr eine gute Kanzlei habt, auch etwas für die Abläufe in einer Kanzlei. Der ein oder andere Referendar hat auch die Möglichkeit während seiner Ausbildung vor Gericht Termine wahrzunehmen. Auch wenn ihr dies nicht als Vertreter dürft, bittet eure Ausbilder, mit ihnen Verhandlungen zu besuchen. Man bekommt einen Einblick in die Praxis und kann auch sehen, wie sich eine Akte dann im Prozess darstellt. Einfache dünne Akten können auf einmal zu langen und schwierigen Verhandlungen führen, während dicke und zunächst erschreckende Akten mitunter in einer halben Stunde erledigt sein können. Weiter erlebt ihr auch, wie sich Mandanten während eines Prozesses verhalten.

Die Wahlstation hängt in Schleswig-Holstein von eurem Schwerpunkt ab, den ihr euch für die mündliche Prüfung selber wählt. Dies solltet ihr ebenfalls frühzeitig tun. Gerade wenn ihr ins Ausland oder zu einer beliebten Behörde oder Kanzlei wollt. Auslandspost kann oft sehr lange dauern und einige Behöriden einiger Länder antworten nicht sehr schnell.

Die Wahlstation bestimmt sich genauso wie die Anwaltsstation nach euren Interessen und ggf. Empfehlungen eurer Kolleginnen und Kollegen.

Je eher ihr eure Stationen sicher habt, umso ruhiger könnt ihr eure täglichen Arbeiten angehen. Ihr solltet euch nicht noch zusätzlichen Stress machen, nur weil ihr noch keine Lust hattet, Bewerbungen zu schreiben.

Ein sehr wichtiger Punkt im Referendariat ist:
Jeden Stress, den man vermeiden kann, sollte man vermeiden.

8   Tauchen

Tauchen ist besonders beliebt in der Anwaltsstation, aber auch in der Wahlstation, d. h. man findet einen Ausbilder, der euch zwar ein Zeugnis ausstellt und behauptet euch auszubilden, doch ihr verbringt die Zeit damit, zu lernen. Der Vorteil ist sicher, dass man genügend Zeit zum Lernen hat, der Nachteil aber, dass ihr in der Station nur zur wenig von der Praxis kennen lernt, je mehr Zeit ihr mit tauchen und nicht mit arbeiten verbringt. Meiner Meinung nach, sollte euer Ausbilder sich darüber im Klaren sein, dass ihr lernen müsst, ihr euch aber auch darüber im Klaren sein, dass es wichtig ist, praktische Erfahrungen zu sammeln. Wer schon gleich zu Beginn des Referendariats anfängt, regelmäßig zu lernen, hat am Ende auch mehr Zeit zum Arbeiten und entspannen. Es bringt nichts, die ganze Anwaltsstation „blau zu machen" und zu versuchen, in der Zeit alles zu lernen, was ihr bisher nicht einmal vom Hören kennt. Man muss von vornherein am Ball bleiben. Vor allem, nehmt ihr euch bei 9 Monaten tauchen die Möglichkeit bereits jetzt schon mal zu testen, ob der Beruf des Anwalts für euch in Betracht kommt. Habt ihr euch eine Kanzlei mit Schwerpunkten ausgesucht, könnt ihr euch ebenfalls hierin schon einmal ausprobieren und sehen, ob der Bereich etwas für euch ist.

Der ein oder andere meint zwar, dies sei überflüssig, aber wenn dem so wäre, würde das Oberlandesgericht diese Station abschaffen. Durch die 9-monatige Dauer der Station ist es möglich, sich an den Arbeitsalltag eines Anwalts zu gewöhnen und einen richtigen Einblick zu erhalten. Dies Möglichkeit habt ihr nicht noch einmal.

9 Referendarfahrt

Eine – wie ich finde - sehr wichtige Aktion des Referendariats ist die Referendarfahrt. Unter den Voraussetzungen des Oberlandesgerichts wird euch für diese Fahrt Sonderurlaub gewährt. Ihr müsst daher keinen normalen Urlaub nehmen. Zwar fordert dies, dass ihr auch Kultur und Recht auf eurer Fahrt erkundet, aber dies kann nicht nur Spaß machen, sondern auch interessant sein.

Bei unserer Referendarfahrt hat nur knapp die Hälfte der Referendare teilgenommen, was sehr schade war. Dies wird in andere Gruppen nicht anders sein.

Es bietet sich an, einen oder zwei Leute der Gruppe zu bestimmen, die Fahrt zu organisieren und den Zeitplan zu bestimmen. Auch an dieser Stelle noch einmal:

Vielen Dank liebe Astrid!

Bei uns hat sich sehr schnell eine Kollegin bereit erklärt, nachdem über das Ziel abgestimmt wurde, dieses zu organisieren. Wir waren in Leipzig. Dies mag dem einen oder anderen komisch vorkommen, doch bietet Leipzig vieles für eine Lehrfahrt und auch für das Abendprogramm. Unsere Fahrt umfasste als Pflichtprogramm:

- Bundesgerichtshof fünfter Strafsenat (Verhandlung, inkl. Einführungen)
- Bundesverwaltungsgericht (Verhandlung inkl. Führung)
- CMS
- MDR
- Völkerschlachtdenkmal

Darüber hinaus kann man in der freien Zeit natürlich noch viel mehr sehen und erleben. Ihr seid erwachsen und selbstständig. Daher auch für euch selbst verantwortlich. Der jenige, welcher die Fahrt plant, stellt euch nur das Programm zusammen, welches ihr absolvieren müsst, nicht euren gesamten Tagesablauf. Auch wenn ihr vielleicht genervt seid während der Fahrt, weil ihr zu wenig Schlaf bekommt, solltet ihr immer daran denken, dass derjenige, der die Fahrt organisiert hat, viel Arbeit und Zeit in die Planung gesteckt hat und ihr nur durch diese Person in den Genuss des Sonderurlaubs kommt und euch selber um nichts kümmern musstet. Derjenige, der die Fahrt organisiert hat, hat sich diese Arbeit für euch kostenlos und neben ihrem oder seinem Referendariat, der Lernerei und dem eigenen Stress gemacht.

Das Kulturprogramm kann zwar im ersten Moment abschreckend sein, doch wann hat man einmal die Möglichkeit zum Beispiel das Bundesverwaltungsgericht besichtigen zu können und die Geschichte des Gebäudes zu erfahren, oder sogar mal an einem Richtersitz des Bundesverwaltungsgerichts Probe zu sitzen.

Während der Fahrt lernt man viele Kollegen besser kennen und findet den einen oder anderen, mit dem man sich sehr gut über das Referendariat austauschen kann und ggf. auch in der freien Zeit lernen möchte, sofern ihr noch keinen Kollegen dafür habt.

Auf jeden Fall solltet ihr an ein gemeinsames Foto als Erinnerung denken. Mag es euch an dem Tag nicht wichtig erscheinen, werdet ihr sehen, wie schnell das Referendariat zu Ende ist und wie gerne ihr euch dann an diese Fahrt und die Zeit erinnern werdet.

10 Markierungen im Gesetz

Ihr solltet von Anfang an wissen, welche Markierungen oder Verweisungen im Gesetz im Examen erlaubt sind. Gerne sagen die AG-Leiter, dass ihr euch etwas an den Rand schreiben sollt. Dann stellt sich die Frage, ob dies fürs Examen dann zulässig ist oder ihr ein neues Gesetz für die Klausur braucht. Wenn ihr euch vorher darüber informiert, könnt ihr die eine oder andere Sache dazu schreiben oder markieren.

11 Das schriftliche Examen

Das Wochenende vor euren Klausuren solltet ihr abschalten und etwas tun, was nicht das Geringste mit Jura zu tun hat. Ob das heißt, einfach spazieren zu gehen oder in die Sauna zu gehen, ist dabei egal. Was ihr bis jetzt nicht könnt, könnt ihr auch dann nicht. Die Anspannung ist zu hoch, als dass der Kopf sich noch etwas merken kann. Auch wenn es schwer fällt, sollte der Kopf etwas Ruhe bekommen. Es ist wichtig vor der Anstrengung noch etwas Ruhe zu haben und Kraft zu tanken.

Es wird ernst. Die erste Klausur steht an. Start 8:15 Uhr mit der Belehrung. Jetzt st eh alles zu spät. Was jetzt nicht gelernt ist, ist eben so. Man kann nicht alles wissen und erst recht nicht jedes Urteil im Kopf haben. Es gehört auch eine Portion Glück dazu. Das wird sich auch nicht ändern. Ihr habt im Examen die zugelassenen Kommentare zur Hand und solltet vorher damit auch schon gearbeitet haben. Wenn ihr wisst, wo ungefähr welche Probleme behandelt werden, braucht ihr hierzu schon nicht mehr alles im Kopf zu haben, sondern könnt es nachlesen, wenn ihr die Zeit dazu habt. Wenn ihr regelmäßig Übungsklausuren schreibt, werdet ihr sehen, wie viel Zeit ihr zum Nachlesen habt. Die richtigen Klausuren sind gefühlt auf jeden Fall 1 Stunde zeitintensiver. Wichtig ist es daher auch, schnell zu erfassen, um was für einen Klausurtyp es sich handelt und wie das Aufbauschema dazu aussieht. Solltet ihr euch hierüber erst lange Gedanken machen müssen, kostet dies unnötige Zeit, die ihr nicht haben werdet.

Die Kommentare gibt es bei verschiedenen Anbietern zum Leihen für die Klausuren und die mündliche Prüfung. Ihr solltet euch rechtzeitig darum kümmern, damit ihr noch einen Kommentarkoffer erhaltet. Sie gibt es beispielsweise bei Juristenkoffer.de oder MLP in Kiel. Natürlich könnt ihr euch die Kommentare auch kaufen. Der Vorteil des Leihens besteht darin, dass ihr die aktuellste Aufgabe zum Termin habt und dies zu einem günstigeren Preis. Zum Arbeitenlernen mit den Kommentaren, könnt ihr euch auch Kommentare gebraucht kaufen, wo ggf. Unterstreichungen vorhanden sind, die im Examen nicht vorhanden sein dürfen.

Viele Referendare essen während der Klausuren, was sich bei 5 Stunden und der frühen Uhrzeit auch anbietet, aber auch hierbei solltet ihr euch überlegen, was praktisch ist. Ihr solltet keine Zeit damit vergeuden, zum Beispiel erst noch einen Apfel zu schälen, bevor ihr ihn esst. Auch bietet sich kein Essen an, was tropft oder klebt. Ihr könntet euch nicht nur das bereits Geschriebene verschmieren, sondern auch Zeit verschwenden, weil ihr erst noch Hände waschen müsst.

Die Höflichkeit gebietet es, dass es sich sowohl beim Essen, als auch beim Trinken um leise Lebensmittel handelt. Ihr seid nicht alleine im Raum und eure Kollegen wollen sich konzentrieren. Dasselbe gilt natürlich auch für eure Schuhe. Ihr werdet im Raum während der Klausur laufen. Zwar ist das Rauchen verboten, aber ihr dürft die Toilette nutzen und es kann sehr störend sein, wenn es dann quietscht und man sich nicht konzentrieren kann.

Jeder empfiehlt, nach Klausuren nicht mit den Anderen oder mit Jemand außerhalb über die Klausuren zu sprechen. Dies mag für viele richtig sein, kann aber auch entspannend sein, wenn man das ganze einmal loswerden will. Auch hier müsst ihr den für euch richtigen Weg finden. Klar sollte euch sein, dass die Klausur, die geschrieben wurde, gelaufen ist. Ihr könnt nicht ändern, was ihr geschrieben habt. Wenn sich aber für euch in der Klausur Unklarheiten bezüglich des Aufbaus oder eines Problems auftauchen, was in einer weiteren Klausur auftauchen könnte, ist es sinnvoll, dieses vor der nächsten Klausur nachzulesen. Dis soll nicht dazu führen, dass ihr Trübsal bezüglich der bereits geschriebenen Klausur blast, sondern dass ihr nach vorne schaut und für die nächste Klausur fit seid.

Lasst euch nicht von einer der Klausuren schocken. Wenn die eine oder andere daneben geht, könnt ihr das mit den anderen ausgleichen, aber nur, wenn ihr das was geschrieben ist, erstmal vergesst und weiterhin euer Bestes gebt.

Der letzte Freitag der Klausuren dient den meisten dazu, direkt vor dem Landgericht auf das Überstandene anzustoßen. An sich ist dagegen nichts zu sagen. Ihr solltet euch aber vorher überlegen, ob ihr euch am letzten Tag nicht abholen lasst. Genießt den Augenblick, danach folgt nicht nur die Wahlstation, sondern auch eine lange Zeit bis die Ergebnisse der Klausuren im Internet einsehbar sind.

12 Ergebnisse

Am letzten Klausurentag erhaltet ihr das Datum, ab wann die Prüfungsergebnisse online einsehbar sind. Vorher werden sie auch nicht eingestellt. Also heißt es warten, warten, warten. Entweder könnt ihr dann feiern und zittern vor der mündlichen Prüfung oder euer Tag ist erst einmal gelaufen. Dann heißt es tief durchatmen und sich die Ergebnisse ansehen und überlegen, ob eine Prüfungsanfechtung für Euch in Betracht kommt.

13 Anfechtung der Ergebnisse

Jedem steht es grundsätzlich frei die Prüfungsergebnisse anzufechten. Dies solltet ihr auf jeden Fall tun, wenn ihr euch ungerecht behandelt führt oder euch nur 1 Punkt zum Bestehen fehlt. Auch wenn der Notendurchschnitt dann nicht der Hit ist, bestanden ist bestanden. Einen Verbesserungsversuch könnt ihr immer noch wagen, aber wer weiß, was im zweiten Durchgang kommt. Vielleicht kommt es für euch noch schlimmer, weil genau das dran kommt, wo ihr auf Lücke gelernt habt oder was euch einfach nicht liegt.

Der erste Schritt besteht darin, beim GPA in Hamburg anzurufen und schnellstmöglich einen Termin zur Einsicht der Klausuren zu machen. Hierfür müsst ihr nach Hamburg und könnt sie dort vor Ort einsehen. Dann solltet ihr entscheiden, ob ihr selber Widerspruch einlegt (schließlich meint ihr ja, fähig zu sein ein Rechtsanwalt zu sein) oder einen Anwalt (möglicherweise einen der sich auf Prüfungsrecht spezialisiert hat) mit der Wahrnehmung eurer Interessen zu betrauen. Welches die bessere Möglichkeit ist, hängt vom Einzelfall ab. Sowohl von den

Bewertungen im Einzelnen, als auch von eurer Art, einen Widerspruch zu schreiben. Ein Anwalt betrachtet dies sicherlich nicht so emotional und kann distanziert dazu Stellung nehmen. Für ihn geht es schließlich nicht, wie bei euch, um die weitere Zukunft. Bei eurem Widerspruch solltet ihr auf jeden Fall bedenken, dass Prüfer auch nur Menschen sind und eine Vielzahl von Klausuren in kurzer Zeit zu bewerten haben. Ihr solltet daher bei aller nachzuempfindenen Enttäuschung nett und sachlich argumentieren.

Danach heißt es erneut warten. Die Bearbeitungszeit hängt unter anderem ab von:

- dem Umfang des Widerspruchs, sowohl von der Anzahl der Klausuren die angefochten werden, als auch vom Sachvortrag
- der Jahreszeit; im Sommer ist oft Urlaubszeit
- der Anzahl der eingegangenen Widersprüche
- dem Prüfer

Es gibt auch die Möglichkeit, Widerspruch einzulegen mit der Bitte, über ihn erst zu entscheiden, wenn er begründet wird. So könnt ihr die Klausuren noch einmal schreiben und danach entscheiden, ob über euren Widerspruch noch entschieden werden soll. Dies führt aber dazu, dass ihr länger auf die mündliche Prüfung warten müsst und es ist auch nicht gesagt, dass der Widerspruch positiv beschieden wird.

Welche Möglichkeit ihr wählt, ist im Einzelfall zu entscheiden.

14 Ergänzungsvorbereitungsdienst in Schleswig

Auch wenn ihr Widerspruch gegen eure Ergebnisse eingelegt habt, solltet ihr den Ergänzungsvorbereitungsdienst nutzen. Für den Fall, dass euer Widerspruch keinen Erfolg hat, seid ihr schneller beim zweiten Versuch dabei und gut vorbereitet. Wenn er Erfolg hat, habt ihr einige der Standardprobleme im Unterricht besprochen und in der mündlichen Prüfung parat.

Alle wichtigen Informationen erhaltet ihr vorab von der zuständigen Referentin.

Der Ergänzungsvorbereitungsdienst startet alle 2 Monate. Es kommen daher immer neue und „alte" Referendare zusammen. Im Normafall sind diese nett und hilfsbereit und helfen euch bei Fragen gerne weiter. Es sitzen ja alle im selben Boot.

Montag, Mittwoch und Freitag ist in der Regel von 9:00 – 13:30 Uhr und jeden zweiten Mittwoch von 13:30 – 17:30 Uhr Arbeitsgemeinschaft, Dienstag und Donnerstag Klausur. Ihr müsst hieran teilnehmen. Die Klausuren sind von 8:15 – 9:00 Uhr abzuholen und dann jeweils nach 5 Stunden abzugeben. Nichtteilnahme oder Zeitüberzug führt zu einem Verlust des Lohnanspruches für diesen Tag.

Urlaub wird nicht gewährt. Im Krankheitsfall wird eine Bescheinigung des Arztes vom ersten Tag an gefordert.

15 Prüferprotokolle

Es gibt Prüferprotokolle, in denen unsere Vorgänger die bereits gelaufenen Prüfungen im nachhinein noch einmal aufzubereiten. Hieraus kann man mitunter schon sehen, um was für eine Person es sich bei euren Prüfern handeln. Wenn ihr richtig Glück habt, gibt es einen oder mehrere Prüfer, die bestimmte Themengebiete besonders gerne prüft. So könnt ihr euch hierauf direkt vorbereiten. Dies kann sowohl materiell als auch zivilrechtlich sein. Ein Blick in die Lebensläufe eurer Prüfer lohnt sich ebenfalls. Prüfer stellen gerne Fragen, die mit ihrem unmittelbaren Alltag zu tun haben, da sie sich selber dort besonders gut auskennen und es hier auch Fälle gibt, mit denen sie sich gerade beschäftigen. Zur Erscheinung des Buches gibt es die Protokolle in Rendsburg bei

Rechtsanwalt Sven Bryde-Meier
Jungfernstieg 10
24768 Rendsburg
04331/3330616
www.juristische-lehrgaenge.de

Das Honorar beträgt 80,00 Euro. Ihr müsst eine Sicherheit i. H. .v. 50,00 Euro leisten und verpflichtet euch, selber ein Protokoll zu schreiben. Dies könnt ihr in eurer Prüfungsgruppe aufteilen. Dies solltet ihr bereits vor der Prüfung klären, damit ihr gegebenenfalls in der Prüfung mehr Notizen macht und euch versucht dessen Inhalt besonders zu merken. Für Versand können weitere Kosten entstehen. Wo die Protokolle zu eurem Termin zu haben sind, erfahrt ihr bei eurem Fachschaftsrat.

16 Vorgespräch

Mit der Ladung zur mündlichen Prüfung bekommt ihr auch gleich einen Termin zu einem Vorgespräch bei eurem Prüfungsvorsitzenden. Dieses Gespräch ist freiwillig, sollte aber von Jedem wahrgenommen werden. Ihr habt so die Möglichkeit euren Prüfungsvorsitzenden und eure Mitprüflinge kennenzulernen. Vorsprache können sehr unterschiedlich ablaufen. Wenn ihr Glück habt, steht in euren Prüferprotokollen etwas zu eurem Vorsitzenden drin. Es gibt Prüfer die sich vorher sehr genau eure Personalakten angesehen haben und euch hierzu detaillierte Fragen stellen. Es gibt aber auch andere, die keinen Blick hineingeworfen haben und euch einfach erzählen lassen, was ihr so gemacht habt.

Die häufigsten Fragen sind auf jeden Fall:

Was möchten sie nach der Prüfung machen?
Warum haben sie diesen Schwerpunkt gewählt?

Ihr müsst während des Vorgesprächs auf keine Fragen antworten und ihr habt die Möglichkeit ein Einzelgespräch statt einem Gruppengespräch mit dem Vorsitzenden zu führen. Dies könnt ihr euch bereits vorher überlegen. Bei einem Einzelgespräch habt ihr jedoch nicht die Möglichkeit, die anderen Prüflinge etwas besser kennen zulernen.

Bei den meisten Prüfern habt ihr die Möglichkeit, Wünsche bezüglich der Prüfungsreihenfolge zu äußern. Ob ihr nach dem Aktenvortrag schnell ein neues Rechtsgebiet abarbeiten wollt oder lieber erst euren gewählten Schwerpunkt erledigen wollt, solltet ihr euch vorher in eurer Gruppe überlegen.

Auf jeden Fall solltet ihr euren Vorsitzenden fragen, wie er es mit dem Aktenvortrag hält. Einige Prüfer wollen, dass ihr vor der Tür wartet, um den Prüfling vor euch nicht zu stören, andere erwarten, dass ihr kurz hereinschaut um zu zeigen, dass ihr pünktlich vor der Tür seid.

Welche Kleidung hierfür geeignet ist, scheint nicht festgelegt zu sein. In unserer Gruppe war alles dabei vom Jeans mit Pullover bis hin zum Businesskostüm. An den Noten konnte ich nicht herauslesen, ob dies irgendeine

Rolle gespielt hat. Vielleicht findet ihr aber auch vorab schon einige Anhaltspunkte, was für ein Mensch eurer Prüfungsvorsitzender ist und könnt so darauf schließen, was angebracht ist.

17 Mündliche Prüfung

Dann ist es soweit, der Tag der mündlichen Prüfung. Ihr solltet euch rechtzeitig überlegen, ob ihr euch den Stress der Anreise am Tag der Prüfung zumuten wollt. Die meisten Referendare schlafen die Nacht in Hamburg, um dem Verkehrschaos zu entgehen und zumindest einen Stressfaktor auszuschalten.

Dann solltet ihr euch überlegen, was ihr am Besten mitnehmt zu essen und zu trinken für den Tag. In der Mittagspause ist es kein Problem etwas zu finden, falls ihr essen könnt. Rundherum gibt es zahlreiche Möglichkeiten, sich etwas zu essen zu kaufen. Doch auch zwischen den Prüfungen könnte es hilfreich sein, etwas zu essen und zu trinken zur Hand zu haben. Trinken steht auch während der Prüfung auf dem Tisch – eine Glaskaraffe mit Wasser und ein Plastikbecher für jeden Prüfling. Beim Essen solltet ihr bedenken, dass ihr etwas auswählt, dass eurem Outfit nicht schadet.

Für die Kleidung gilt: Ihr solltet so aussehen, wie ihr einem Mandanten gegenüber treten würdet. Die meisten empfehlen einen schwarzen Hosenanzug oder ein schwarzes Kostüm mit weißem Hemd bzw. weißer Bluse. Eine Krawatte oder ein Tuch sollte richtig und ordentlich gebunden sein.

Um 8:15 Uhr beginnt der Tag mit einem kurzen Gespräch für alle Prüflinge des Tages im Vorbereitungsraum. Es gibt gegenüber des Vorbereitungsraums einen kleinen Aufenthaltsraum, in dem ihr wartet, bis eure Vorbereitungszeit beginnt. Diese müsst ihr selbstständig überwachen. Ihr werdet nicht in den Raum geholt, um mit dem Vorbereiten des Aktenvortrages zu beginnen. Ihr werdet aber darauf hingewiesen, wann jeweils die Viertelstunde vorbei ist. Ihr müsst nur wissen, welche Zeit eure ist. Am Ende eurer Vorbereitungszeit müsst ihr ALLES aus dem Raum mitnehmen. Ihr kommt nicht wieder in diesen Raum zurück. Was ihr nicht benötigt, könnt ihr im Aufenthaltsraum lassen. Dieser ist jedoch nicht verschlossen.

Zwischen den einzelnen Prüfungen finden Beratungspausen statt. Durch die Länge lässt sich nicht auf die Noten schließen, welche die Prüfer verteilen, sondern ist ein

Anzeichen dafür, dass sich die Prüfer in Ruhe mit den einzelnen Antworten, die ihr gegeben habt, auseinander setzten.

Die meisten Prüfer sind nett und versuchen euch bei der Lösung der Fragen zu helfen, so dass ihr möglichst viele Punkte erreicht. Aber wie überall gibt es auch einige, die anscheinend ihre schlechten Erfahrungen weitergeben wollen. Ihr solltet euch nicht von einer schlechten Teilprüfung entmutigen lassen. Das klingt leicht gesagt, ist es aber leider nicht. Aber jeder einzelne Teil ergibt eine Teilnote und hat einen neuen Prüfer, der anders prüft und andere Fragen stellt.

Es sollte zwar selbstverständlich sein, aber es scheint nicht allen klar zu sein. Auch euer Verhalten während der Prüfung wird mit einbezogen in die Note. Die Prüfer nennen normalerweise euren Namen, wenn er eine Antwort von euch erwartet. Nur dann solltet ihr auch antworten oder wenn die Frage frei gegeben ist. Dazwischen reden oder – was es schon gab – auslachen eines anderen Prüflings ist inakzeptabel und wird auch dementsprechend negativ von den Prüfern bewertet.

18 Sozialpunkte

In der mündlichen Prüfung haben die Prüfer die Möglichkeit Sozialpunkte zu vergeben. Diese sind entgegen ihrem Namen nicht für Sozialkompetenz zu vergeben, sondern sollen die Möglichkeit bieten, wenn die Noten der Stationszeugnisse und / oder der schriftlichen Ergebnisse den Schluss zu lassen, dass das Ergebnis der mündlichen Leitung nicht den tatsächlichen Wissensstand des Prüflings vermuten lassen, die Gesamtnote anzuheben.

19 Urlaub im Referendariat

Euch steht Urlaub zu, den ihr selber überwachen müsst. Der Urlaub steht euch zu und auch, wenn ihr viel lernen wollt, solltet ihr euch mal eine Auszeit nehmen und den Urlaub nehmen. Der ein oder andere Ausbilder vermerkt in eurem Stationszeugnis zwar, wann ihr im Urlaub gewesen seid, doch wird ein nicht genommener Urlaub nirgends honoriert. Wenn man nicht an Wochen gebunden ist, kann man seinen Urlaub auch so legen, dass die AG nicht im Urlaub liegt und man so nichts Wichtiges verpasst. Hierzu geltend die Ausführungen zur Anwesenheit in der AG entsprechend. Dies gilt natürlich besonders für die Klausuren der AGs. Die Termine werden meistens bereits am Anfang der AG mitgeteilt.

Nervig ist natürlich der Wechsel der Arbeitsgemeinschaften, da man seinen Urlaub nicht weit planen kann oder nicht mit seinem zukünftigen Ausbilder absprechen kann. Gegebenenfalls sollt ihr auch in bestimmter Zeit Urlaub nehmen, weil der Ausbilder nicht da ist oder gerade keinen Urlaub nehmen, weil der Ausbilder eine Vertretung braucht. In der Rechtsanwalts-

und Wahlstation könnt ihr dies dadurch rechtzeitig in Erfahrung bringen, in dem ihr euch rechtzeitig um diese Plätze kümmert und euer Ausbilder daher bekannt ist.

20 Anliegen beim OLG

Wenn ihr ein Anliegen beim Oberlandesgericht habt, achtet immer darauf, dass ihr die Bestätigung schriftlich erhaltet. An mündliche Aussagen halten sich viele nicht gebunden und können sich auf einmal nicht mehr daran erinnern. Mit schriftlichen Bestätigungen seid ihr daher auf der sicheren Seite.

21 Fachanwalt

Bereits während des Referendariats könnt ihr einen Fachanwaltslehrgang besuchen. Einige Organisationen bieten sogar günstigere Tarife für Referendare an. Entscheidet ihr euch dafür, hat es nicht nur preisliche Vorteile, sondern auch den Vorteil, das auf euch normalerweise keine Akten warten und ihr keine Fristensachen zu beachten habt, was natürlich während der „normalen" anwaltlichen Tätigkeiten alles neben dem Fachanwaltslehrgang zu beachten ist.

Den Urlaub müsst ihr euch vom Oberlandesgericht genehmigen lassen. Dies je nach Gesprächpartner problematisch sein und ihr solltet es euch auf jeden Fall schriftlich geben lassen, dass ihr den Lehrgang machen dürft.

22 Schlusswort

Nun wünsche ich allen viel Spaß bei ihrem Referendariat, gute Ausbilder und viel Erfolg beim zweiten Examen.

Mit dem Schlachtruf der Referendare:

4 gewinnt!